UN
VOYAGEUR EN FRANCHE-COMTÉ

EN 1678

Par M. Léonce PINGAUD

A la Bibliothèque impériale de Saint-Pétersbourg, parmi les manuscrits français de la collection Dubrowsky, se trouve un volume in-8 de 327 pages, intitulé : *Voyage faict en Franche-Comté, Suisse, pays des Grisons et Italie en l'année 1678*. L'auteur, anonyme, est parti de Paris pour Lucques le 9 octobre, et a suivi un itinéraire assez capricieux qui l'a conduit, d'abord par Dijon et Dole à Genève ; de là, il est remonté à travers les Treize Cantons, jusqu'au lac de Wallenstadt, puis il est entré en Italie à Bergame, d'où il est arrivé, en visitant Modène et Florence, à destination. Après un séjour d'environ six semaines à Lucques (16 novembre-26 décembre), probablement au milieu de sa famille, il a regagné la France en suivant le littoral jusqu'à Cannes, puis il a remonté le Rhône et la Saône ; Saulieu, Auxerre et Sens ont été ses dernières étapes avant Paris, où il est rentré le 19 janvier 1679.

Comme il dit avoir fait antérieurement un semblable voyage au delà des Alpes, qu'il nomme un de ses cousins,

Henri Burlamachi, nous pouvons supposer que c'était un Italien établi en France et qu'il appartenait à cette famille des Burlamaqui dont un membre, un peu plus tard, s'est illustré à Genève par ses ouvrages de droit. Sa relation ne se recommande ni par les traits pittoresques ni par l'agrément du style ; mais elle lui offrait un memento très exact et elle donne à son lecteur une notion très nette des pays qu'il a traversés, des horizons et des monuments qui ont passé devant ses yeux. C'est une description topographique qui, pour la Franche-Comté, a un intérêt spécial, car elle fixe l'état des lieux à la date de 1678, qui est celle de la réunion légale de la province à la France. Aussi ai-je cru devoir transcrire un certain nombre de pages, depuis celle qui nous montre le voyageur sortant d'Auxonne et apercevant au loin les hauteurs de Mont-Roland jusqu'à celle où nous le voyons franchir, au delà des Rousses, la frontière de l'État de Genève. Les amis de notre histoire locale y trouveront peut-être quelques détails de nature à les intéresser et ainsi ces fragments qui, à défaut d'autre mérite, auraient celui de venir de bien loin, se trouveront, par l'intermédiaire de nos mémoires, restitués à la Franche-Comté et à la France[1].

. . . .
(Auxonne) est peu de chose par le dedans, n'estant ni grande ni bien bastie ; ce qui y est de plus considérable est la situation, estant dans un très beau pays et sur le bord d'une belle rivière, et les fortifications que le Roy y faict faire, qui seront très belles et très bonnes quand elles seront achevées. Il y aura onze bastions réguliers sur deux desquels il y a des cavaliers, le tout revestu de pierre aussi bien que la courtine

---

[1] Je dois des remerciements à MM. Julien Feuvrier, l'abbé Boillot, curé de Liesle, Just Tripard et Mandrillon, avocat, pour les notes topographiques qu'ils ont bien voulu me fournir.

dont il y en a déjà quelques-unes de faictes, et ce sera assurément une très bonne place, n'estant commandée de rien et estant, outre les fortifications, défendue d'un costé de lieux marécageux ; la Saosne qui vient de Grai et qui va après gaigner Verdun et Chaalon passe à son couchant, au pied des bastions. Les femmes y sont assés jolies et propres et c'est un assés beau sang, mais la ville n'est pas extresmement peuplée. M. de Bissi en est gouverneur et M. de Flammerans, lieutenant de roy.

J'en partis sur les deux ou trois heures après midi et, à une portée de mousquet de la ville d'où je sortis par le costé opposé à la rivière (1), je commençai à entrer dans des bois (2) dans lesquels je marchai plus de trois heures par des chemins assés marécageux et la pluspart accommodés avec des fascines, au bout desquels je rencontrai quelques villages (3) dans de petits fonds et passai quelques eaux, après lesquelles je commençai à monter dans des broussailles et vis, à ma gauche, une montagne assés élevée avec un couvent dessus (4), sur la droite de laquelle on me dit que dans un fond estoit Dole, la première ville de Franche-Comté de ce costé là. Je montai encore quelque temps par l'endroit le moins élevé de cette montagne où estoit cette esglise et sur sa droite, et estant arrivé au haut, je vis dans un fond entouré en éloignement de coteaux et de montagnes assés élevées, le lieu où je devois coucher et la ville dont je viens de parler, qui estoit la ville de Dole.

Je descendis par un chemin qui costoyoit quelques bois et, après avoir remonté une petite haulteur qui est près la ville et l'avoir redescendue, je me trouvai contre des palissades et entrai dedans par une belle porte (5). Ce lieu est considérable par les belles fortifications que le Roy y a faictes (6) et par la beauté de sa situation. Ce sont cinq bastions (7) avec leurs courtines toutes revestues de pierres de taille avec autant de demi-lunes et de

---

(1) Par la porte de Comté.
(2) Le bois de la Crochère.
(3) Billey, Saint-Vivant, Sampans.
(4) Le mont Roland.
(5) La porte de Besançon.
(6) Les fortifications de Dole, élevées de 1537 à 1565, en grande partie détruites par les Français en 1668, avaient été remises en état de 1669 à 1673. Elles furent démolies, par ordre du roi, en 1688.
(7) Erreur. Il y avait sept bastions.

dehors très réguliers, le tout comme les bastions revestu de pierre et en très bon ordre. Il y a quelques hauteurs assés près de la ville, mais il y a sur trois des bastions d'anciennes tours servant de cavaliers que l'on a coupées à certaine haulteur et qui commandent les haulteurs susdictes.

La rivière de Doux qui vient de Besançon et qui va se rendre dans la Saosne passe d'un des costés de la ville vers le levant et un bras que l'on a coupé (1) coule dans le fossé et lave deux de ces bastions et une courtine, le reste n'en estant séparé que d'une petite langue de terre (2) et estant bordé du costé opposé à la ville d'un agréable coteau (3) sur lequel vis-à-vis la ville est un couvent de Minimes bien basti. La ville, du costé opposé à la rivière, a quelques petites haulteurs qui continuent encore du troisième costé, mais le quatrième est un plat païs bordé de quelques prairies qui viennent joindre la rivière et c'est, je crois, le costé du midi. Des cinq bastions qui enferment la ville, deux, ainsi que je l'ai dict, donnent sur la rivière et les trois autres regardent les aultres costés.

La ville, par le dedans, est fort peuplée et remplie d'assés jolies maisons, la pluspart de pierre, dont quelques unes ont assés d'apparence. Un des plus grands bâtiments qu'il y ait est l'hospital, qui a une assés belle façade du costé qui regarde la porte du pont. Il est basti de trois costés et a des corridors tout autour par lesquels on entre dans la salle des malades. La grande esglise est assés spatieuse et bien bastie et il y a une grosse tour sur la porte qui est assés haulte; elle est au milieu d'une petite place, dans un lieu un peu eslevé et domine par là aisément toutte la ville, laquelle, estant un peu haulte et basse et une partie de ces bastiments s'eslevant au dessus des aultres, faict que les haulteurs voisines les pourroient incommoder nonobstant les boulevars. Les rues en sont assés bien pavées et il y a très peu de portes cochères, au-dessus d'une desquelles, à l'imitation de Flandre et d'Angleterre, je vis des armes dans un tableau qui estoient celles du maistre de la maison avec la datte de sa mort. Dans quantité de maisons, les fenestres d'en bas y estoient grillées, mais de grilles qui fesoient un coude en rond en dehors par contre pour donner plus de facilité à ceux qui

---

(1) Le canal Charles-Quint, dérivation du Doubs, qui baignait le pied des bastions de Chassagne et du Pont.
(2) La Lampinette, entre le bastion du Pont et le Doubs.
(3) La colline de la Bedugue, alors dénommée le Tertre.

voudroient regarder par les fenestres. Le sang est assés beau dans cette ville, et les filles et les femmes y sont assés jolies. M. de la Feuillée en est gouverneur, et M. d'Espagne, lieutenant de Roy. L'on mène parler à un des deux tous les étrangers qui arrivent.

Je logeai à l'Espée d'armes et en partis le lundi 17, pour venir gaigner Salins, toujours avec mon mesme voiturier. Je sortis par le costé de la rivière (1) et, après avoir passé sur un pont le fossé plein d'eau de la Doux, je traversai une petite langue de terre et passai ensuite un aultre pont qui traversoit le reste de la rivière, qui estoit plus large que la moitié de la Seine et qui tramoit (?) un fort joli pays. J'eus pour perspective, sur la haulteur en sortant du pont, cette esglise des Minimes dont j'ai parlé, qui est assés bien bastie et qui, avec son couvent, faict une assez grande façade. Après avoir un peu monté, je passai à la porte et, tournant à droite en montant encore un peu, je costoyai la rivière en veue de toutte la ville qui paroissoit par delà du long de mon chemin. Sur le bord de la coste estoit une petite allée de deux rangs d'arbres qui jouissoit de toute la veue de la rivière et de la ville et estoit bordée des deux costés de deux petits murs d'appui de verdure. Un peu après cette allée et ensuite dans la mesme veue, mais sur la plaine, la coste ne montant plus en cet endroit, en estoit une seconde toutte semblable à la première, qui conduisoit à un petit couvent, je crois, de Capucins, qui estoit sur le bord de la coste. Après avoir regardé de là avec plaisir toutte la ville, dont les bastiments et les esglises s'élèvent vers le milieu les uns au-dessus des aultres, la rivière qui la bordoit et touttes les costes, les prairies et l'agréable pays qui l'environnoient, je tournai à gauche et entrai dans deux grands bois haults et bas (2) en quelques endroits qui, après deux heures de chemin, me conduisirent en un village composé de maisons esparses par cy par là (3) et qui, estant au bout du bois et sur le bord d'une coste,

---

(1) Par la porte du Pont.

(2) Le chemin de Dole à Salins traversait la pointe occidentale de la forêt de Chaux, en sortait pour traverser le ruisseau du Gouvenon, avant le village de Goux. Au delà de cette localité, le chemin rentrait dans la forêt pour en suivre la lisière jusqu'au moulin Roland. L'auteur, par « bois hauts et bas, » entend parler du sol accidenté de la forêt.

(3) La Loye.

avoient la veue au dessous de soy sur une assés belle plaine dans laquelle passoit une petite rivière, mais qui semble quelquefois extresmement (*un mot illisible*) du voisinage des montagnes et qui se rend de la Doux au dessus de Dole. Cette rivière qu'on appelle la Loue a, par delà, un païs rempli de bois tant que la veue se peut estendre à droite et à gauche et ces bois sont bordés par de grosses costes couvertes de verdure de touttes les formes et de touttes les haulteurs, y en aiant une entre autres sur la gauche extrèmement haulte et pleine de rochers par en hault (1).

Je descendis de cet endroit en gaignant le bord de la rivière à un village appelé Augerans, joignant lequel est un bacq par où l'on traverse la rivière pour aller à Salins à travers les bois, mais aiant appris là que la rivière estoit desbordée dans des prés qui estoient de l'aultre costé et qu'il ne fesoit pas sûr y passer à cheval, j'allai costoyant la coste par où j'estois descendu, par où l'on me dit que j'irois gaigner un pont qui me mesneroit à Salins, mais qui allongeoit le chemin de quelques lieues. Je suivis assés longtemps cette coste, aiant des bois en montant à gauche (2) et tout le païs que j'ai dépeint à droite, mais s'estant trouvé après quelque chemin une manière de mare qui joignoit presque la coste, je fus obligé d'entrer dans le bas des bois et, tantost montant et tantost descendant, passai par de petits sentiers très difficiles qui enfin, après beaucoup de peine, me conduisirent à une assés grande prairie et un pays plat au milieu duquel estoit un village (3), où je pris un guide qui me conduisit à un autre (4) dans le mesme pays, d'où je fus guidé par un aultre homme en traversant un petit coin de ce mesme bois qui estoit du long de la coste à un aultre village (5) situé aussi dans la plaine, la rivière à la droite et les costes s'escartant un peu à la gauche.

De là, après une demi-heure de chemin, je vins disner à un autre village appelé Chissey. En ce lieu, dans l'appréhension qu'a tout le pays des gens de guerre qui vont et viennent continuellement, j'eus toutte la peine du monde à estre reçu dans un meschant cabaret pour disner et, comme il n'y avoit point de

---

(1) La montagne de Poupet.
(2) La forêt de Chaux.
(3) Montbarrey.
(4) Santans.
(5) Germigney.

bouchon, personne ne voulut me dire où il estoit et je fus obligé de menacer un homme pour me le faire monstrer. J'en sortis pourtant bon amy de tout le monde, mais je n'y trouvai que du fromage pour toutte chose. Tout le chemin que j'avois faict jusque-là voyoit tousiours ces grosses costes que j'ai dict qui bornoient l'autre costé de la rivière, sur la pointe d'une desquelles qui estoit sans verdure paroissoit un fort appelé le fort Saint-André, qui est un de ceux qui sert de deffence à Salins, qui est au-dessous dans le fond de l'aultre costé de la coste.

Au sortir du petit village où j'avois disné, j'en traversai trois ou quatre aultres (1), les uns dans la mesme plaine et les aultres sur de demi-haulteurs qui fesoient quelques petites eslevations dans cette plaine où, après avoir marché assés longtemps, je costoyai un petit bois (2), à la droite duquel, sur le bord de la rivière qui approchoit fort en cet endroit, estoit un petit chasteau (3) composé d'un corps de logis couvert de tuile et de deux pavillons couverts de fer-blanc coupé en guise d'ardoise et dont la couverture estoit un peu recourbée dans le milieu et finissoit en une seule poincte, quoique les pavillons fussent plus longs que larges, ce qui faict un effet assés bizarre et agréable.

Un peu après ce petit chasteau, je gaignai le bord de la rivière après avoir traversé un gué (4) qui estoit derrière un moulin (5), et la suivis environ une demi-lieue dans un très agréable pays, la coste de main gauche s'approchant extresmement en cet endroit et estant toute couverte de verdure et fesant un demy cercle aussi bien que la rivière, et les grosses costes de main droite qui estoient de toutes les formes et de toutes les haulteurs et toutes couvertes aussi de verdure venant border l'autre costé des prés, laissant voir mille diversités par les ouvertures qu'elles fesoient et fesant de l'endroit où j'estois, par leur grande haulteur, une manière de fond qui avoit quelque chose de solitaire et de très beau.

Après cette arrivée par ce pais à un assés gros village (6), la coste de main gauche joignant en cet endroit la rivière de trop

(1) Arc-et-Senans, qui formait deux villages et les hameaux en dépendant.
(2) Le bois de la Pérouse.
(3) Le château de Roche.
(4) Sur un ruisseau.
(5) Le petit moulin de Liesle.
(6) Buffard.

près, et le peu de terrain qui estoit au-dessous estant trop mouillé, l'on me fit prendre par derrière dans un petit fond entre cette montagne qui bordoit la rivière et une autre plus eslevée qui estoit derrière et sur laquelle estoit une espèce de chasteau. Je fis plus d'une demi-lieue par ce chemin (1), après lequel je montai à main droite un petit bout de cette coste qui bordoit la rivière, et descendis ensuite dans un village appelé le Port-Lesney, après lequel je traversai la rivière sur un pont et me trouvai de l'autre costé dans des prairies ayant la rivière à ma gauche. Je suivis quelque temps ce païs et entrai ensuite dans une autre vallée à droite par où, après avoir passé quelques hauts et bas, je montai tant soit peu et vins coucher, ne pouvant arriver à Salins, dans un village appelé Pagnoz.

J'y logeai dans une fort meschante hostellerie et, après y avoir passé une très meschante nuit, j'en partis le mardi 18 octobre à la pointe du jour pour continuer mon chemin. Je montai en sortant par un chemin pierreux et plein de rochers entre des arbres et brosailles, après quoy je me trouvai sur un petit dessus, aiant à gauche et devant moi des montagnes fort haultes et de l'autre costé un petit fond fesant comme un demy cercle (2) entouré de grandes montagnes cultivées jusqu'à la moitié et aiant jusque là quelques maisons par cy par là et depuis là jusqu'en haut estant toute couverte de verdure et entremeslée de rochers, deux desquelles montagnes fesoient une ouverture entre elles (3) sur le faiste qui estoit bordé de deux rochers et qui laissoient voir entre eux une manière d'enfoncement tout verd et d'autres faistes de montagnes très agréables. De ce mesme endroit l'on voyoit un des costés du fort Saint-André sur la poincte d'une montagne fort élevée, un de ceux que j'ai dict qui commandoient à Salins. Une des montagnes de la gauche estoit celle mesme que j'avois veue en venant de Dole et qui me paroissoit la plus eslevée de touttes. Le faiste en estoit tout de rochers, mais entremeslé de quelque verdure, et lorsque je passai auprès il estoit environné de nuages, quoyque l'air fût assez beau d'ailleurs. L'on appelle cette montagne la roche Pouppet.

Après avoir marché quelque temps par ce chemin, je descendis un peu et puis remontai quelques pas tousiours en veue du mesme païs et par un chemin tout plein de pierre et de rochers

---

(1) Le chemin de Buffard à Port-Lesney.
(2) Marnoz, Saint-Michel.
(3) Gorge de Pretin.

et la pluspart taillé dans le rocher mesme (1). Après quoy je fis une grande descente (2) par un chemin fort pierreux et entre des hayes vers le milieu de laquelle, à main gauche, je vis un torrent (3) passant entre l'endroit où j'estois et le pied de la roche Pouppet et s'allant perdre entre des costes qui le serroient de si près qu'il n'avoit qu'un très petit passage dans le fond et, après estre descendu un peu plus bas, je vis le mesme torrent qui venoit de dessous un pont un peu à gauche de mon chemin et qui, au sortir de là, fesoit trois ou quatre nappes d'eau fort belles ; ce qui, avec ces grandes costes qui le fesoient paroitre encore plus profond, fesoit quelque chose de bizarre et d'affreux. Après avoir laissé ce pont à la gauche, je tournai un peu à la droite et vis devant moi un couvent de capucins, ensuite duquel j'entrai dans un grand chemin bordé d'arbres, sur la gauche duquel du long des murs des capucins et ensuitte du long d'un petit mur d'appuy estoit une petite levée de terre bordée d'arbres du costé du chemin, qui me conduisit aussi bien que ce chemin jusqu'au pied d'une petite haulteur que je montai en tournant à gauche et au haut de laquelle, en tournant à droite, j'entrai sur les sept heures et demie du matin dans la porte de la ville de Salins (4).

C'est une ville enfermée de haultes montagnes des quatre costés qui la serrent de si près, principalement au levant et au couchant, qu'il n'y a quasi point d'esplanade dans le bas et que, dans le peu qu'elle a de largeur, elle est bastie en montant contre le costé du levant, s'estendant en longueur du midi au nord par où les costes sont plus éloignées et jusqu'au pied desquelles s'estend un petit bout de vallée estroite (5). Au couchant de la ville, dans le fond et au pied du rocher où est le fort Saint-André, passe un petit torrent du midi au nord qui la borne de ce costé, la ville montant du costé opposé qui est, comme j'ai dict, le levant et, comme les costes qui l'environnent de toutes parts font qu'elle ne peut estre d'aulcune deffence, le roi a fait réédifier tout à neuf trois forts sur trois haultes montagnes qui non seulement commandent la ville, mais mesme les montagnes circonvoisines. Ils sont irréguliers mais très bien bastis,

---

(1) Ancienne voie romaine aux Lavières de Suziau.
(2) Mont de Simon.
(3) La Furieuse.
(4) Porte Barbarine.
(5) Blégny-Gouailles.

tout de pierre et en fort bon ordre ; le plus considérable et qui est sur la plus haulte montagne, dont le haut est tout blanchâtre et a plus l'air d'un rocher que d'une coste, s'appelle le fort Saint-André, dont j'ai déjà parlé et qui est au couchant de la ville et qui du costé opposé découvre, ainsi que j'ai dict, une grande estendue de païs quasi jusqu'auprès de Dole, voyant tous les bois (1) qui sont du long de la rivière de la Loue et tout le païs qui l'environne. Il y a dedans plus de quatre cents hommes de garnison et un M. de la Borde y commande.

Le plus considérable après celuy-là est le château Belin sur un rocher un peu moins haut que l'aultre, mais tout rebasti à neuf comme le premier et au levant de la ville. Il y a deux ou trois cents hommes de garnison dedans et un M. de Saint-Martin y commande. Quant au troisième fort, qui est moins haut que les deux aultres et aussi moins considérable et est sur une coste au midi de la ville et s'appelle le fort Bracon ; il peut y avoir cent soldats de garnison dedans, mais sans commandant particulier. Il est aussi bien que les deux aultres sous l'autorité du gouverneur, qui estoit cy-devant M. d'Aspremont, mais depuis la mort duquel il n'y en a point d'autre. Le lieutenant du roi s'appelle M. de Louville et le maire M. de Crencin.

La ville par les dedans, pour un endroit serré comme celui-là et haut et bas, n'est pas trop désagréable et les maisons n'en sont pas trop mal basties. Elles sont presque toutes de pierre et couvertes de bois, mais coupé comme de la thuile et durant ainsi douze ou quinze ans. Les esgouts des toits avancent et desbordent quatre ou cinq pieds au moins dans les rues et, s'ils donnent de l'abri du long des maisons, ils ostent beaucoup de jour à des rues étroittes et qui sont, oultre cela, offusquées de haultes montagnes qui ne leur laissent voir le soleil que quand il est presque midi. La pluspart des rues y sont, ainsi que je l'ai dict, en montant et en descendant, et il y en a seulement une grande au midi de la ville, qui est toute unie, laquelle est assez large et longue, conduisant depuis un lieu appelé la grande saline jusqu'à la porte de la ville et estant fort peuplée et bordée de boutiques fort remplies et sentant sa bonne ville, et les maisons en estant mieux basties qu'ailleurs.

Les aultres lieux les plus remarquables de la ville sont les salines, l'une appelée la grande et l'aultre la petite. La grande

---

(1) La forêt de Chaux.

esglise est Notre-Dame appelée Libératrice (1). Les salines sont deux grands lieux contenant un grand circuit dans l'endroit le plus plein de la ville, et dans le fond et estant séparées l'une de l'autre par quelque espace où est la place, plusieurs maisons et une esglise dont je parlerai cy-après, mais se communiquant par des voultes souterrannes qui sont en grand nombre sous ces lieux et surtout sous la grande saline qui en a de très grandes tenant tout le dessous des cours, et des bastiments qui sont très spacieux et ont été, à ce qu'on dit, faictes il y a longues années par des Flamands qui avaient pris le parti des salines pour le roi d'Espagne.

C'est dans ces deux endroits-là que se faict le sel qui se débite dans une partie de la France et dans toute la Suisse et païs circonvoisins, par le moyen de deux sources d'eau salée qui se sont trouvées, l'une dans la grande saline et l'autre dans la petite, dont celle de la petite est la plus salée. J'allai voir celle de la grande et, après estre descendu environ vingt marches, je vis quelques unes de ces grandes voultes souterraines dont j'ai parlé et qui communicquent des unes aux autres sous les bastiments, mais me paroissent inutiles à l'heure qu'il est et servent, à ce que me dirent les officiers de la maison, à soutenir tous les bastiments et les cours. D'une de ces voultes je redescendis encore vingt marches et vis dans un creux un bouillon d'eau salée que l'on faict tomber dans un réservoir d'où, par le moyen d'une roue qui est dans le haut et qu'un cheval faict tourner, l'on faict monter l'eau par de petits seaux attachés à des cordes et on la distribue par après en sept endroits où l'on faict le sel. Dans ce mesme lieu où est la source salée il y en a une aultre d'eau doulce et fort près, en sorte qu'elle lui communique quelque chose de sa doulceur, ce qui faict qu'elle est moins salée que la source de la petite saline. L'on me conta qu'autrefois l'eau salée l'estoit beaucoup davantage, mais qu'un fermier des salines aiant veu tout auprès une pierre sur laquelle estoit écrit *Noli me tangere* eut curiosité de la faire lever, et qu'à mesme temps cette source d'eau douce qui estoit dessous commença à bouillonner et que depuis l'eau salée a perdu beaucoup de sa force (2).

Les sept endroits où j'ai dict que par des canaux l'on distribuoit l'eau salée sont de grands lieux dont le milieu est creux

---

(1) Erreur qui est rectifiée plus loin.
(2) Légende abandonnée.

en forme de fournaise, et au-dessus est une manière de grande
chaudière toute plate et dont les bords sont bas et ressemblent
plus à une poêle à frire qu'à une chaudière, toute faicte de lames
de fer clouées ensemble et aiant sept à huit toises de diamètre.
Cette grande machine est soutenue par une grande quantité de
barreaux de fer qui l'accrochent et qui s'accrochent par en haut à
quantité de pièces de bois qui sont soutenues sur de grosses
poutres appuyées sur des piliers de pierre qui sont aux quatre
coins de la fournaise. L'eau que l'on amène en ces endroits tombe
d'abord dans des réservoirs qui sont du long du mur d'où, par
des tuyaux, l'on les faict tomber dans la chaudière en telle quantité que l'on veut. L'on allume une prodigieuse quantité de bois
de l'endroit qui est au-dessous et cette eau, après avoir bouilli
un certain temps, se congèle petit à petit et, après que l'on l'a
remuée plusieurs fois avec de grands bastons gros par le bout et
que l'on la croit assés cuite et qu'elle a faict corps, des gens entrent dans la chaudière quand elle est un peu refroidie et mettent
cette matière dans des manières de petits seaux et la portent
dans d'aultres grands lieux où l'on la met ressuyer par tas, met-
tant force braise auprès et l'on tire de ces tas deux sortes de sel,
l'un que l'on met dans des tonneaux et que l'on envoie en Suisse
et aux lieux circonvoisins, et l'autre que l'on faict par petits
pains gros comme des miches et que l'on faict encore ressuyer.
Ces pains se distribuent dans la province et lieux circonvoisins
et le sel en est plus fin et plus beau que l'aultre et aussi plus
dur, quoiqu'il soit tout généralement extresmement délié et
blanc.

Ce qui se faict dans la grande saline se faict aussi dans la petite, mais il n'y a que trois chaudières et, en récompense, le sel
en est plus pur et plus fort que dans la grande, quoiqu'il y ait
un tuyau qui y vient de la petite et que l'on mesle avec l'eau de
la grande pour la saller un peu davantage. Ces deux endroits
sont affermés 600,000 livres et le sel, nonobstant cela, y est à si
bon marché, que ce qui couste sept écus auprès de Paris n'en
couste pas un en ce lieu-là. Outre les voultes souterraines et
les lieux où l'on faict le sel, il y a encore de grands logements
pour les officiers des fours, des chapelles, de grandes murailles
fesant l'enceinte de ces lieux et une grande quantité de lieux
couverts et grandes galeries fort spacieuses servant à mettre
les tonneaux pour le sel, le bois et aultres choses et plusieurs
aultres édifices qui contiennent un fort grand espace et font
quasi le circuit d'une petite ville, surtout dans la grande saline,

car pour la petite il y a fort peu de logements et l'on n'y voit, du moins par dehors, que les lieux nécessaires pour faire le sel. Il est presque incroyable la quantité de bois que l'on brusle en ces lieux et l'on ne voit aultre chose que des charretées de bois qui y entrent continuellement sur de petits chariots traisnés par des bœufs ayant quatre roues presque égales, assés haultes mais fort minces, et le tout fort léger et estant peu chargé à cause des prodigieuses montagnes qui entourent Salins et qui rendent les chemins très rudes, mais desquelles l'on apporte tout le bois qui se consume dans Salins, n'y en ayant presque point qui n'en soit couverte.

La grande esglise s'appelle Saint-Anatoile, qui est le patron de la ville. C'est une église ancienne au haut de la ville en tirant vers le midi. Sainte-Marie Libératrice est une petite esglise assez propre, finissant en dôme par en haut, bastie sur une petite place qui est entre les deux salines et tout auprès de l'endroit où je logeois. Elle a été bastie par les bourgeois de la ville en l'honneur de la Vierge, en reconnaissance de ce qu'ils furent délivrés de quelques ennemis et fondèrent une messe à quatre heures du matin, députant un d'entre eux pour avoir soin des ornements et aultres choses. L'on y dit pourtant plusieurs messes, mais c'est par dévotion. Je montai dans ce dôme que j'ai dict qui estoit au-dessus de l'église, lequel est entouré de balustrades avec des piliers d'espace en espace qui portent encore un aultre petit dôme au-dessus de celui-là. Ce fut de ce premier que je vis toute la situation de la ville et les montagnes qui la bornent, dont celle du nord et cette mesme roche Pouppet dont j'ai déjà parlé, laquelle, avec toutes les aultres qui environnent et enferment cette ville, toutes ces maisons en montant, ces forts sur des rochers et la profondeur du vallon où passe le torrent, faict quelque chose de bizarre et de très divertissant. A voir de dessus ce dôme, la ville est fort marchande et peuplée en ce qu'elle contient et les femmes y sont plus belles que laides, la pluspart fort délibérées. Toutes les femmes du commun aussi bien que les paysannes y vont les jambes et la pluspart les pieds nus, et sont accoutumées à cela, en sorte qu'au 18 octobre que j'y passai, elles ne trouvoient pas qu'il fît assez froid pour porter des bas.

Je demeurai en cette ville jusqu'à deux heures de l'après-midi et disnai avec quantité d'officiers de la garnison et, ayant pris une litière pour aller à Genève, je m'acheminai pour aller coucher à quatre lieues de là. Je sortis par cette grand'rue que j'ai dict qui estoit au midi au bout de laquelle est la porte de la ville.

Après quoi je suivis quelque temps un petit fond qui tournoit un peu à gauche et qui alloit tournant autour de la montagne du fort Bracon qui ferme, ainsi que j'ai dict, la ville au midi. Je tournai ensuite un peu à droite et me trouvai derrière la montagne et vis le costé du fort qui est opposé à la ville, après quoi, tournant encore à gauche, je commençai à monter et petit à petit gaignai le faiste d'une très haulte montagne (1) où estoient quelques pelouses, et d'où, en me retournant, je vis le fort Belin et le fort Saint-André, mais je perdis bientôt de vue le fort Belin, parce que le derrière de la coste où il est me le couvrit. Je descendis un peu et costoyoi ensuite pendant deux heures un petit fond où couloit une petite rivière (2) qui inondoit en plusieurs lieux une petite prairie et le fond estoit fermé des deux costés des faistes des montagnes qui estoient toutes couvertes d'arbres et de verdure et fesoient quelque chose d'assés agréable. Je traversai par le chemin quantité de petites lisières de bois et, après un assez long chemin, je vis dans le fond qui estoit assés large à cet endroit un assés grand parc, mais dont les murailles estoient à moitié ruinées et qui estoit accompagné d'un chasteau à moitié abattu qui paroissoit avoir été fort (3).

Il y avoit ensuite une manière de village que je traversai et l'on me dit que le chasteau et le village, aussi bien que deux autres que je devois passer, appartenoient au prince d'Orange. Ce lieu s'appeloit Pasquier. Je marchai encore quelque temps après cet endroit et traversai un autre village tousjours dans le même pais, appelé Vers et où il y avoit quantité de maisons éparses par ci par là, dont plusieurs avoient plus de 10 ou 15 toises en carré, touttes de pierre de taille et estant couvertes de grands toits fort plats et qui desbordoient extresmement de tous costés et surtout au devant de la maison, où ils estoient soutenus de piliers faisant une manière de loge où l'on est à couvert devant les maisons, ce qui est en usage dans tous les villages de ce pais-là.

Après ce village, je descendis un peu et allai gaigner le fond du vallon, le traversant en biais sur la gauche et allant gaigner le coin d'une montagne ou grand tertre toute couverte de sapins (4) qui sembloit fermer le vallon par le bout et qui avoit justement

---

(1) Le mont d'Ivory.
(2) La Furieuse, au val d'Héry.
(3) Château et parc de Vers.
(4) Forêt qui va de Chapois à Vannoz.

la forme d'un toit de maison coupé en croupe des deux costés. Il estoit défendu de couper des arbres de cette montagne parce qu'elle estoit aussi au prince d'Orange, ce qui fesoit qu'elle paroissoit extresmement garnie. Je traversai dans le fond du vallon la rivière à gué et passai après quelques eaux répandues dans la prairie. Après quoi je gagnai le coin de la montagne et, tournant encore à gauche, je la costoyai par derrière et puis, après avoir fait une petite montée, j'arrivai au lieu où je devois coucher, appelé Champagnole.

C'est un lieu composé de maisons éparses par cy par là, de la forme que j'ay déjà décrite, où je bus d'assés bon vin et mangeai d'une très bonne truite, n'y ayant, pour toute viande, qu'un morceau de bœuf. Je couchai dans ma chambre à plain pied de terre, car elles sont touttes ainsi dans ce pais. Le vin venait de quatre lieues loin et il n'y a point de vignes dans tous les environs et mesme assés peu de blé. Les neiges quelquefois ne lui donnent pas le temps de mûrir.

J'en partis le mercredi 19 octobre et, un peu après en être sorti, je me trouvai sur une petite haulteur d'où je vis de grandes pelouses au-dessous de moi entre les faistes des montagnes et au milieu un grand creux où couloit un torrent (1). Je le traversai sur un pont et entendis un grand bruit que fesoient les eaux qui écumoient partout comme une mer agitée, parce que le lit où elles couloient estoit rempli de grands rochers qui en interrompoient le passage. Après le pont, je remontai sur les pelouses qui bordoient ce petit fond et, après avoir faict quelque peu de chemin uny, je montai un peu et traversai un village après lequel j'entrai dans des bois qui durèrent assés longtemps, au sortir desquels je fis une descente et me retrouvai sur le bord d'un autre torrent qui couloit à ma gauche et que l'on appelle la rivière d'Ain.

Je remontai ensuite un peu entre des bois, dont tant le costé où j'estois que celui qui m'estoit opposé estoit rempli, estant tous deux presque escarpés tout droits et le chemin où j'estois estant dans la mi-coste qui estoit un précipice tant dessus que dessous de moi. Le torrent couloit dans le fond avec grand bruit à cause des pierres qui s'opposoient à son passage. Je descendis ensuite dans le bas et, ayant traversé le torrent sur un pont, je commençai à monter et allai en continuant jusque vers le haut de la montagne qui estoit fort élevé en cet endroit,

---

(1) Syam, sans doute.

entendant toujours le bruit du torrent dans le fond. Je tournai un peu vers cet endroit qui estoit tout couvert de bois et, après être arrivé au faiste de la montagne, je descendis un peu et me trouvai costoyant une petite vallée dans laquelle couloit encore un autre torrent qui se rendoit dans le premier et sur lequel je vis trois moulins d'espace en espace, à costé desquels le torrent de toute sa largeur fesoit de très belles nappes d'eau, dont celle du moulin du milieu tomboit de plus de trois toises de haut, immédiatement après avoir passé sous un pont de pierre, ce qui fesoit quelque chose de très beau et de très rustique, estant enfermée de rochers noirâtre des deux costés et fesant tant de bruit et une si grande écume en tombant qu'on ne pouvoit s'empescher de s'y amuser. Par delà ce pont estoit une autre cascade, mais peu haute.

Je traversai le torrent sur ce pont et vins ensuite, après avoir vu une troisième cascade et un moulin, disner en un village basti comme ceux dont j'ai déjà parlé et appelé Morillon. Il y avoit vis-à-vis un moulin et une autre cascade. J'y disnai d'un morceau de mouton rosti qui estoit un grand extraordinaire, car ils ont fort peu de rosti dans ces montagnes et sont gens fort grossiers et à moitié sauvages. Les femmes, comme à Salins et dans presque tout le Comté, y vont pieds nus, ce qu'elles observent presque tout l'hiver au milieu des neiges, mais en récompense, elles ont des cornettes qui viennent en guise de mentonnières leur enfermer le dessus du menton et leur en couvrent une partie, ce qui est ainsi partout.

Au sortir du Morillon, je montai un peu et marchai quelque temps dans une mi-coste entre des montagnes couvertes d'arbres, y ayant en plusieurs endroits des épicéas. Dans le fond estoit une petite lisière de prairie avec quelques eaux. Après cet endroit, je remontai fort haut et gaignai le faiste des montagnes, sur lesquelles estoient plusieurs pelouses et d'où je vis au-dessus de moi comme un grand fond en ovale que fesoient les montagnes s'ouvrant un peu des deux costés et faisant oultre cela plusieurs ouvertures entre elles, par lesquelles la vue s'estendoit assés loin et faisoit assés de diversité. Ce fond estoit une grande pelouse composée de plusieurs hauts et bas où aboutissoient plusieurs poinctes de montagnes qui fesoient force bizarreries en cet endroit et sur l'extrémité desquelles estoient en plusieurs endroits des petites maisons qui toutes paroissoient très bien situées. Cet endroit ainsi diversifié, après quelque espace semblable, paroissoit après s'aller précipiter dans le fond d'une très profonde vallée (1) qui estoit ensuite et qui estoit bordée des deux costés de montagnes très élevées et remplies presque partout de rochers de touttes les formes, les uns cannelés comme des tuyaux d'orgue et les autres de forme différente et quelques-uns entremeslés de verdure.

Je descendis de l'endroit ou j'estois dans le premier fond où l'on voyoit, outre ce que j'ai dict, quantité de petites barrières, de perches et, en quelques endroits, d'arbres couchés en longueur les uns sur les autres, qui séparoient les héritages et patures des particuliers et bordoient les chemins pour empescher que l'on y entrât. En quelques endroits, c'estoient des poteaux ronds fichés en terre et troués par les costés, dans lesquels entroient de grands brins de bois qui formoient de véritables barrières. L'on en voit ainsi dans presque tout le Comté et en quelques endroits des montagnes de la Bourgogne.

Après avoir costoyé une partie de ces barrières par des chemins pleins de rochers et de pierres, je vins descendre en un village où il y avoit une paroisse appelée Morbier et qui estoit justement au haut et au bout de cette vallée dont j'ai parlé, la voyant dans une partie de sa longueur. Un torrent qui couloit sur des rochers et des pierres en fesoit le fond et quantité de moulins à affiner du fer et d'autres pour scier des ais, ce qui se faict par le moyen d'une roue qui faict monter et descendre une grande scie, en sorte que l'ais estant placé d'une certaine manière se scie tout seul. Ces moulins, dis-je, chacun avec leurs cascades disposés d'espace en espace et en assés grand nombre avec quatre ou cinq petits ponts qui traversent le torrent, tout cela ensemble emplit admirablement le fond de cette profonde vallée, laquelle oultre cela est fort estroite et donne beaucoup de plaisir à la regarder d'en haut.

Je descendis après ce village dans ce grand creux par un chemin rempli de rochers et très malaisé par la roideur dont sont les montagnes qui enferment le vallon des deux costés et j'eus toujours le précipice à ma droite et estant enfin arrivé au bas (2), je costoyai le torrent plus d'une demi-heure, ayant les costes et les rochers fort près des deux costés et d'une hauteur à perte de vue, et dont quelques-uns estoient de formes si bizarres et si affreuses qu'on eût pu demeurer tout un jour à les regarder

---

(1) La Bienne.
(2) C'est-à-dire à Morez.

avec étonnement. Je traversai ensuite le torrent sur un pont et, après l'avoir costoyé sur la droite, je le retraversai encore et le suivis encore longtemps après avoir enfilé un détour que fesoit le vallon et qui estoit encore plus solitaire et affreux que l'endroit que j'avois passé ; après quoi, tournant à gauche et laissant le vallon un peu sur la droite, je commençai à monter un peu dans une coste qui, après plus d'une demi-heure de montée par des rochers affreux ayant toujours le précipice à mes costés et tournant souvent à cause de la roideur de la montagne, me conduisit enfin sur un des endroits les plus élevés de tous ces costés, mais qui pourtant estoit enfermé en éloignement du faiste des montagnes voisines qui estoient encore plus élevées. Cette montagne et le lieu où j'allai coucher, qui est une paroisse avec des maisons ainsi qu'ailleurs éparses par ci par là, s'appelle Les Rousses.

L'on compte ce lieu le plus élevé de toutes les montagnes et effectivement je montai extresmement haut pour y arriver. Les vents et les pluies y firent un bruit effroyable pendant toute la nuit que je passai dans un fort meschant lit après avoir fait meschante chère à souper, n'ayant mangé qu'un peu de bœuf bouilli, du boudin et du salé frit dans la poêle. Les gens de cet endroit sont encore plus sauvages que les aultres et je trouvai dans mon hostellerie le curé du lieu, qui ne put jamais me dire ni combien il avoit de revenu ni combien il avoit de paroissiens et de maisons. La cuisine de l'hostellerie ou j'estois estoit toute en cheminée, c'est-à-dire que le haut alloit s'étrécissant des quatre costés et finissoit par une ouverture de quatre à cinq pieds en carré, le tout de bois, hors le costé de l'âtre du feu qui estoit de pierre. Au haut de cette cheminée par dehors estoient des deux costés deux manières de contrevents de bois attachés en sorte par le milieu que, quand il pleuvoit, ils venoient fermer la cheminée par le dessus en dos d'asne, la fumée sortant alors par les costés, ce qui est assés commode et est ainsi presque par tout le pais, où les cheminées sont toutes ainsi de bois et recouvertes de petits carrés coupés en forme d'ardoise, en sorte que l'on diroit de loin, hors la couleur, que ces cheminées sont garnies d'ardoise tout autour, aussi bien que les contrevents qui sont aussi couverts de mesme.

Je partis de ce lieu jeudi 20 octobre et montai d'abord une petite haulteur sur laquelle estoit la paroisse accompagnée de quelques maisons. Je continuai ensuite à monter encore et vis sur ma gauche, en un endroit où les faistes des montagnes s'ouvroient, une manière de petit lac (1) entre deux et, par delà en éloignement, quantité de faistes d'autres montagnes. Je vis du mesme endroit (2) sur une montagne (3) qui estoit aussi sur ma gauche mais plus élevée que l'endroit où j'estois, la neige en assés grande quantité qui estoit tombée la nuit, mais qui n'avoit esté que de la pluie dans les endroits les plus bas et avoit laissé un air froid. Je vis après cela, en continuant à remonter, quelques épicéas et sapins semés par ci par là et, en quelques endroits, des petits bocqueteaux des mêmes arbres.

Après avoir monté encore quelque temps par un païs semblable et une demi-heure après être sorti de La Rousse, je me trouvai à l'entrée d'un grand bois de sapins et d'épicéas et vis devant que d'y entrer une pierre haute de six à sept pieds que l'on me dit qui servoit de borne entre le Comté et la Suisse (4), le Comté finissant à l'entrée du bois ; les armes du païs y estoient du costé qui le regardoit, et de l'autre costé celles de la Suisse y avoient esté, mais il n'y avoit plus que la place....

---

(1) Le lac des Rousses.
(2) Vallée des Dappes.
(3) Le Noirmont.
(4) Le traité de la vallée de Dappes, signé le 8 décembre 1862, entre la France et la Suisse, a déplacé les bornes.

www.ingramcontent.com/pod-product-compliance
Lightning Source LLC
Chambersburg PA
CBHW061617040426
42450CB00010B/2528